Katrin Lammert

Alltägliche Merksätze
für
Inneren Frieden

Bibliografische Information der Deutschen Nationalbibliothek:
Die Deutsche Nationalbibliothek verzeichnet diese Publikation in der Deutschen Nationalbibliografie; detaillierte bibliografische Daten sind im Internet über <http://dnb.de> abrufbar.
© 2019 Katrin Lammert
Herstellung und Verlag: BoD - Books on Demand Norderstedt

ISBN: 978-3-741284328

Hinweis: Der Buchstabe ´ß´ wird in diesem Buch nicht verwendet.

Die Autorin:

geb. 1970, eine Tochter

Bisherige Veröffentlichungen seit 2007 per BoD:

Dualseelengedichte - 2017

Mein Blog: Just writing! - Das Buch (2017)

Die Göttliche Beziehung (2015)

Beyond Dunbury – Roman (2014)

SOS hilfreiche Gedanken für Dualseelen (2014)

unter dem Pseudonym Cathérine Cordero:

Im Herzen Löwen - *Interview mit einer Dualseele* (2010)

Seelenseen. *Gedichte II* (2008)

Sanft wie Schafe - *Eine wahre Dualseelengeschichte* (2008)

Heimatlose Welten. *Meine Gedichte* (2007)

aktuell: Blog meinatlantis - seit 2018

Blog *KatiLa´s Weltbetrachtung* - September 2016 - Herbst 2017

Blog *Just writing!* - von 2012 bis Frühjahr 2016

Einführung

Das höchste Gut des Menschen ist nicht, wie uns glauben gemacht wird, die Gesundheit; sondern das höchste Gut ist innerer FRIEDEN.
Dieser macht sogar die Unterscheidung gesund-krank unwichtig. Er ist allem anderen im Leben übergeordnet und ist das deutlichste Kennzeichen der vorherrschenden Anwesenheit GOTTES in einem Menschen, ist somit ein Kennzeichen des Höheren Bewusstseins.

In diesem Buch geht es nicht um mainstream-esoterische Wünscherei-Erfolgs-Manipulationstechniken. Esoterik ist eine Variante des Materialismus, also des selbstbezogenen Egobewusstseins und hat mit echter SPIRITUALITÄT = GOTT-Zugewandtheit nichts zu tun.

Ebensowenig geht es hier um irgendeinen religiösen Fatalismus; Religionen haben mit SPIRITUALITÄT wenig bis gar nichts zu tun, da sie dem kleinen Selbst-

Bewusstsein zugehören und nicht dem Höheren Bewusstsein, das durch natürliche Religionsfreiheit gekennzeichnet ist.

Was ist Innerer Frieden?

Innerer Frieden ist *nicht* das temporäre = vorübergehende Befriedigtsein des Egos, bevor neue Begierden es antreiben.
Der Mensch, bevor er sich innerlich seinem GOTT zuwendet, lebt nach den Richtlinien des Ego, des *self-consciousness* (R.M. Bucke)[1], und weiss nichts oder nicht viel von dem, was *eigentlich* seine Bestimmung ist: das Erklimmen des Cosmic Consciousness, des Höheren Bewusstseins.
Ego findet permanent enorm viele Gründe, sich durch Menschen und Ereignisse gestört zu fühlen, sich zu ärgern und zu kämpfen, wie wir in der äusseren Welt anschaulich gespiegelt sehen - in Form von Gewalt, Kampf und

---

[1] Richard Maurice Bucke, Cosmic Consciousness

Kriegen. Dies geschieht im Grossen unter Staaten ebenso wie im Kleinen unter Nachbarn und, mehr noch, in der Arbeitswelt, die als Kriegsschauplatz offiziell anerkannt ist. In unseren Schulen lernen die Kleinsten bereits das übliche Konkurrenzverhalten und das rücksichtslose Streben nach Platz eins.

Je weiter ein Ego mit seinem Kampf gelangt, desto mehr wird es auf der materiellen Weltebene mit Geld belohnt.

Doch es geht im Leben nicht darum, immer mehr zu bekommen, sondern immer weniger zu brauchen.

Nicht weil ein seltsamer Minimalismus gerade en vogue wäre, sondern weil der Mensch erkennen muss, dass er in GOTT bereits ALLES hat, und von dieser hohen Position aus auf materiellen, ungebremsten Zuwachs, gerne auf Kosten anderer, getrost verzichten kann.

Wachstum ist dann entartet, wenn es sich ins Materielle hineinsteigert. Wachstum muss spiritueller Natur sein, damit HEILSEIN und GESUNDHEIT erblühen können.

FRIEDEN beginnt, wenn wir aufhören zu kämpfen. Jeder von uns weiss das, doch kaum jemand versucht das auch zu leben, und zwar zuerst in seinem eigenen Denken, wo alles Übel beginnt.

Jeder Krieg ist eigentlich ein Krieg gegen GOTT, jeder Widerstand richtet sich *immer* gegen GOTT, in Unbewusstheit stellvertreten durch den Mitmenschen und sogar gerichtet gegen den Menschen in sich selbst (sog. Autoaggressionskrankheiten).

Jede zwischenmenschliche Beziehung ist eine Variante der wichtigsten, da EINZIGEN Beziehung des Menschen - der Beziehung zu GOTT. Denn in Wahrheit bezieht sich alles im Leben des Menschen auf GOTT, ob demjenigen Menschen das schon bewusst ist oder noch nicht. Jedes Problem und jeder Konflikt lassen sich zurückführen auf eine gestörte Beziehung des Menschen zu IHM.

Je grösser das Ego, desto mehr wird so ein Gedanke noch abgewehrt.

Wieder ein Grund mehr für dein Ego zu kämpfen und sich zu wehren... Dort ist die Keimzelle für Krieg in der Welt, an dem du also aktiv in deinem (Un)Bewusstsein beteiligt bist. Du kannst nicht unbeteiligt auf Erden leben, und auch sonst nirgendwo im Universum. Du hast eine Verantwortung: deinem GOTT zu antworten, auf Seinen *Ruf* zu antworten.

Wenn die Leute wüssten, welches GLÜCK darin liegt, dies zu tun, würden sie sich darum reissen, doch Ego weiss nichts von diesen Dingen. Und was Ego nicht kennt, das wird vorsichtshalber abgewehrt.

Was ist hier mit GOTT gemeint?

Gott, klein geschrieben, ist ein fehldefinierter Begriff aus diversen Religionssystemen, die allesamt einem noch relativ niedrigen Bewusstseinsstand angehören, den wir hinter uns zu lassen aufgerufen sind. Menschen im Höheren Bewusstseinszustand = Cosmic

Consciousness (R.M. Bucke)[2] hantieren nicht mehr mit Religionssystemen und deren horizontalen Regeln.

Wir können aus unserer irdischen, eingeschränkten Wahrnehmungsweise heraus nicht wissen, was oder wer GOTT ist, doch wir lernen IHN kennen anhand der Auswirkungen Seiner Präsenz in unseren Leben, als da z.B. wären: FRIEDEN FREUDE GLÜCK - kurz in einem Wort: LIEBE. Fehlt eines von diesen in deinem Leben, so ist das ein Aufruf zur spirituellen Entwicklung. Kaum jemand folgt dem Ruf, denn Ego hasst nichts mehr als die Veränderung. Ego strebt nach Erhalt des (nicht-) spirituellen Status quo.

Die höheren Zustände, FRIEDEN FREUDE GLÜCK LIEBE sind **unverfügbar,** das bedeutet: Niemand kann mit seinem Eigenwillen beschliessen, sie zu haben, und niemand kann sie kaufen. Sie werden uns geschenkt, indem GOTT

---

[2] Richard Maurice Bucke, Cosmic Consciousness

Sich in uns selbst immer mehr ausbreitet. Dies geschieht sofort und unmittelbar bei Beendigung des inneren Ego-Kampfes. Nach und nach wirst du mit ihnen geflutet, stetig und unumkehrbar. Es gibt kein Zurück, sind sie erst einmal in dir präsent. **Denn GOTT nimmt Geschenke niemals zurück.**

LIEBE ist folgerichtig gleichfalls ego-fehldefiniert, aus demselben niedrigen Bewusstseinszustand heraus. Dieser bezieht LIEBE auf Menschen und Haustiere und auf immaterielle Ideen wie „mein Beruf". **Doch LIEBE gehört allein der Beziehung des Menschen zu seinem GOTT.** Alles andere ist eine niedrigere Variante mit mehr oder weniger grossem Ego-Potential. Zur Vertiefung dieser Thematik verweise ich auf meinen Internetblog und meine anderen Publikationen, wie z.B. *Die Göttliche Beziehung*[3]. In diesem Buch fangen wir nicht erneut bei Adam & Eva an.

---

[3] siehe am Anfang dieses Buches, „Die Autorin"

Die inneren Fähigkeiten eines Menschen lassen sich auf unserer Ebene der Dualität der Wahrnehmung einteilen in männlich-aktive und weiblich-passive Qualitäten. Letztere sind zum Beispiel die Folgenden: **Geschehenlassen, Seinlassen, Erwarten, Empfangen, Annehmen.**

Männlich-aktiv und vom Ego bevorzugt sind dagegen **Geben, Wollen, Wählen, Entscheiden, Bestimmen, Führen**.
Diese erzeugen *ohne ihre weibliche Grundlage* Gewalt und Kampf. Nur zusammen ergeben die beiden Qualitäten das Göttliche Paar **im** Menschen.
Niemandem werden die geistigen Fähigkeiten eines Jesus verliehen, der nicht zuerst die innersten weiblichen Fähigkeiten in Vollendung lebt. Nur durch sie ist gewährleistet, dass zum Höchsten Wohle aller männlich-aktiv gehandelt wird. Bis dahin bleibt der Mensch Schüler und braucht einen vollendeten LEHRER.
Solange du Schüler bist, also Lernender, verkörpert dein spiritueller LEHRER die

männliche Kraft, die dir noch nicht anvertraut werden kann.

(**Wichtiger Hinweis**: Arbeitest du mit einem solchen LEHRER (bzw. jemandem, der sich dafür ausgibt) und erlebst *nicht* einen ansteigenden inneren grundlegenden FRIEDEN, so hast du keinen vollendeten LEHRER vor dir. Innerer Frieden ist das sicherste Anzeichen für die zunehmende Anwesenheit GOTTES in dir - also dafür, *dass alles richtig läuft*, irdisch gesprochen.)

Du wirst daher beim Lesen dieses Buches merken, wie in den aufgelisteten Merkregeln der weiblichen Qualität der Vorzug gegeben wird. Versinnbildlicht ist dieses in der Tarotkarte „Kraft", die eine Jungfrau zeigt, die den (inneren) Löwen bändigt. Nicht der innere Krieger kann das; nur sie kann das bewerkstelligen. Diese Jungfrau ist *unbewaffnet*.
Hierin gründet sich der Merksatz:

Jede Gelegenheit stark zu sein ist in Wahrheit eine Gelegenheit, schwach zu sein.
Wann immer du das Kämpfen sein lässt, bist du GOTT in dir einen Schritt näher gekommen.

Das Höhere Bewusstsein kann die animalische Natur, das *animal consciousness* in LIEBE unter Seine Herrschaft unterordnen. Alltagspraktisch geschieht dies, indem du innerlich mit deinem Ego sprichst wie mit einem störrischen Esel, voller Geduld und Liebe und Weisheit und ohne es zu verurteilen.
Mit Gewalt funktioniert das nicht, denn Gewalt ist die niedere Ebene des Egos, die wir ja gerade hinter uns lassen wollen und dürfen. Nachsicht mit dir selbst als einem Lernenden ist oberstes Gebot, denn sonst stellst du dir selbst ein Bein. **Es gibt sie längst in dir, diese weise, wohlwollende Instanz, das wirst du selbst bald merken, wenn du beginnst zu üben.**

In diesem Buch geht es also um einfache **Merkregeln**, die jeder (ob schon auf dem

WEG oder nicht) jederzeit auf die oben beschriebene Weise in seinem Alltag anwenden kann. Sie stammen aus meiner eigenen aktuellen Lehrzeit mit meinem spirituellen LEHRER. Jeder Satz wurde mit entsprechenden Lektionen von mir eingeübt (ob ich wollte oder nicht, mittlerweile will ich) und wird weiterhin täglich geübt, mal dieser, dann jener. So lange, bis das Höhere Bewusstsein die niederen Egokampfparolen letzthin überflüssig gemacht hat. Alles und Jedes, das mir begegnet, wird mit einem dieser Sätze (und immer noch weiteren) beantwortet. Auf diese Weise breitet sich der FRIEDEN innerlich täglich mehr in mir aus, und es gibt nichts Vergleichbares in der Welt. Diese ruhige LIEBE-volle Heiterkeit, das Einverstandensein mit GOTT ist *priceless*, unbezahlbar, im wahrsten Sinne des Wortes.

Leben ohne Kampf ist möglich, und das schreibe ich aus eigener erlebter Erfahrung, Friedenstendenz steigend.

Wenn du beim Lesen dieser Worte ein leises Ziehen einer unerhörten Sehnsucht in dir spürst, dann ist dieses Buch jetzt für dich.

Juli 2019

Die Merkregeln

Die Merkregeln haben keine besondere Reihenfolge. Ich habe sie in vielen Jahren nebenbei notiert und hier für dich aufgelistet.
Du kannst diejenigen für dich zuerst bearbeiten, die sich dir am leichtesten einprägen. Eines Tages wirst du sie womöglich sowieso alle verinnerlicht haben, sofern du gut mitarbeitest. Sie werden in entsprechenden Situationen deines Alltagslebens spontan aufspringen wie hilfreiche pop-up-Fensterchen.

Manches klingt vielleicht auf den ersten Blick egoistisch und selbstbezogen, doch es ist im Hinterkopf zu behalten, dass hinter dieser Denkweise das Bewusstsein steht, dass GOTT da ist und dass alles im Leben wegen IHM und für IHN existiert und geschieht - und aus keinem anderen Grund.
Wenn dir ein Satz unverständlich erscheint, z.B. der, dass es keine Konkurrenz gibt, so nimm dir diesen Satz

ganz besonders zu Herzen und arbeite mit ihm, wann immer dir eine Gelegenheit zu seiner Anwendung geboten wird. Erst dadurch erschliesst er sich dir in all seiner tieferen Bedeutung.

Die Sätze sind absichtlich ohne optischen Firlefanz in einem weg untereinander hingeschrieben.
Jeder kann sie sich selbst in schöner Handschrift (oder wie auch immer er oder sie es gerne haben möchte) abschreiben, immer einen Satz für sich auf eine Seite oder auf eine Karteikarte - oder wie es im Einzelfall am besten nützt. Vielleicht magst du ein spirituelles Tagebuch über deine Erfahrungen beginnen, denn GOTT wird deine Bemühungen sicherlich kommentieren und dir auf diese Weise exakt auf dein Leben zugeschnittene weiterführende Hilfen an die Hand geben. Das zeigt die Erfahrung.

> ERFOLG ist, jeden Tag GOTT
> innerlich näher zu kommen.

<u>Merksätze für inneren **FRIEDEN**</u>

Es muss alles geben.

Alles hat in GOTT seinen Platz.

Würde etwas oder jemand fehlen, wäre das GANZE nicht vollständig.

Der, von dem du jeweils lernst, ist dein LEHRER.

Ruhig bleiben.

Atmen, nicht nur Luftholen.

Veränderungen geschehen.

Plötzliche Planänderungen stammen von GOTT.

GOTT behandelt alle Menschen gleich - nämlich individuell.

Es gibt keine Konkurrenz.

Keiner ist besser oder wichtiger als ein anderer.

GOTT liebt niemanden mehr als einen anderen (auch nicht Jesus).

Ich soll mich nicht mit anderen Menschen vergleichen.

Ich kann mein Leben nicht mit anderen Leben vergleichen.

Andere sein lassen, wie sie wollen.

Andere rennen lassen, wohin sie wollen.

Ich kenne den WEG nicht.

Ich aus mir selbst heraus kann nichts.

Keine Analyse nicht anwesender Personen.

Keine Gespräche über Dritte.

Nur auf meine eigenen Handlungen schauen, auf meine Gedanken und auf meine Beziehung mit GOTT:
„Mind your own business."

Die anderen ruhig angreifen lassen - GOTT kümmert sich um sie.

Zu allem GOTT fragen, nicht die Menschen.

Alles GOTT zeigen.

Alles GOTT darlegen.

Alles GOTT übergeben.

Alles und Jeden in Seinen Händen belassen. Auch mich selbst.

Jedes Problem GOTT überlassen. Ego erzeugt die Probleme, es kann sie daher nicht lösen.

Vertrauen heisst, etwas als erledigt zu betrachten.

Niemanden beeindrucken müssen.

Nichts erzwingen müssen.

Nichts kontrollieren müssen.

Immer die anderen vorlassen.

Nichts nachtragen, keinen Groll hegen, gestern ist vorbei, GOTT hat verziehen.

Jeder Partner war zu seiner Zeit der Richtige.

Rache ist unnötig.

Nicht Recht haben müssen.

Rechtfertigung einzig vor GOTT, niemals vor anderen Menschen.

Von anderen keine Bestätigung erwarten.

Von anderen kein Lob erwarten.

Von anderen keinen Applaus erwarten.

Die Launen des anderen bei ihm belassen.

Es geht im Leben nicht darum, immer mehr zu bekommen, sondern immer weniger zu brauchen.

Äusserlichkeiten keinen Wert beimessen.

Materiellen Dingen keinen Wert beimessen.

An nichts und niemanden anklammern.

Was ich nicht habe, brauche ich auch nicht.

Brauche ich das, was ich will?

Was nicht mehr da ist, ist weg.

Was in meinem Leben ist, ist da, weil GOTT es dorthin getan hat.

Nichts wegen Geld tun - nichts wegen Geld lassen.

Niemals um Geld kämpfen.

Niemals um Geld streiten.

Keinen Ehrgeiz.

Den anderen Menschen nicht verurteilen, sondern ihn unterstützen.

GOTT vertrauen heisst, getrost verzichten zu können.

Keine leeren Reden.

Vertrauen verlangt keine Beweise.

GOTT kennt kein „falsch", nur „hinderlich".

GOTTES LIEBE ist unendlicher REICHTUM.

Die LIEBE zu GOTT muss grösser sein.

Fehler zu machen bedeutet: So lernst du, Fehler zu machen.

Jede Gelegenheit stark zu sein ist in Wahrheit eine Gelegenheit, schwach zu sein.

Nicht alle Antworten haben müssen.

Schweigen können.

Nachwort

Sei stets auf der Hut, denn Ego ist ein gelehriger kleiner Hund, der sehr schnell seine Chancen wittert und die Sätze anwenden wird, um sich persönliche Vorteile zu verschaffen.
Es wird andere vorlassen, um sich überlegen zu fühlen, oder weil es irgendwo gehört hat, dass das Gute zehnfach zurückkommen wird; es wird seine Trägheit und Faulheit als „keinen Ehrgeiz haben" betiteln. Ego wird sich freuen: „Ich kann was!" und es als sein eigenes Verdienst betrachten, wenn etwas klappt, und so wird Ego mit jedem einzelnen Satz verfahren, wenn du nicht sehr genau in dich hineinhorchst und bereit bist, dich immer wieder *eines Besseren belehren zu lassen*. Egos Freude währt stets nur kurz, sie ist nichts aus der oder für die Ewigkeit.

Die tiefste aller Wahrheiten zu beg-*reifen*, dass allein GOTT der Bewirker in allen LEBEN ist, dass allein ER überhaupt

derjenige ist, der alles *ist,* ist wie das Wort schon sagt: ein Reifungsprozess, den wir Menschen nicht durch unseren Eigenwillen beeinflussen können.
Es *geschieht.*

ER ist ALLES - ich bin nichts.

Das will Ego nicht hören!

Vielleicht entstehen dir zu Beginn deiner Übungen tatsächlich persönliche Vorteile, doch in fortgeschrittenem spirituellen Stadium wirst du diesbezüglich sehr genau geprüft werden, und du wirst dahin gebracht werden, indifferent zu sein, egal was dein Üben bei dir oder anderen Menschen im Aussen scheinbar bewirkt oder nicht bewirkt. Du wirst die beschriebenen Dinge tun oder lassen **aus nur diesem einzigen Grund:**

Weil GOTT es so will.
Punkt.

Woher weisst du, dass etwas von GOTT so gewollt ist?

Einfache Antwort:

Weil es den von ausnahmslos jedem Menschen ersehnten, unverfügbaren INNEREN FRIEDEN bringt.

Und *nur* es.

★ *Ich danke meinem LEHRER.* ★

Literaturtipps:

Richard Maurice Bucke, *Cosmic Consciousness: A Study in the Evolution of the Human Mind* (1901, Innes & Sons), auch in deutscher Sprache erhältlich. Mir liegt eine gedruckte Ausgabe mit der ISBN 978-1-720270225 vor (ohne Verlag).

Ruby Nelson, *The Door of Everything*, Erstveröffentlichung 1963, diverse Ausgaben im Handel erhältlich, auch in deutscher Sprache. Mir liegt die Ausgabe mit der ISBN 0-87516-069-7 (DeVorss&Co.) vor.

www.meinatlantis.de

Hier kannst du dir Notizen machen und deine eigenen Merksätze und Ideen ergänzen, so dass das Büchlein ein ganz persönlicher Schatz für dich wird: